시인별곡

시인별곡

時調 詩人 東伯 洪 承 杓

도서출판 엠-애드

저자의 말

문예 향이 버팀목이었어요
살아보면 살아도 지겠지만
자존감만은 내려놓기가 그랬나 봅니다

이제는 다소 후련하고 편안합니다
이유는 아직도 부족합니다
여생 동안 찾게 되겠지요

이루지 못한 몽상의 여운이
끝내 내려놓지 못하는 못난 미련인지
혹자는 꿈이 있는 자 행복하다 하고요.

2022년 11월
時調 詩人 東伯 洪 承 杓

| 축사 |

시사정詩詞亭에서 노래하는 인자요산仁者樂山의 시학

권 갑 하(시인, 문화콘텐츠학 박사, 한국문인협회 부이사장)

동백(東伯) 홍승표 선생은 호(號)의 의미대로 든든한 맏형의 기운을 지닌 분이다. 더구나 요즘엔 산으로 들어가 청산을 일구고 계시니 더욱 믿음을 크게 한다. 예로부터 인자는 산을 좋아한다고 했다. 산은 한 자리에서 사계(四季)를 꽃피우는 미덕을 지녔다. 일생 한걸음도 떼지 않는 산이지만 산은 자족하며 가진 모든 것을 베푼다. 굳이 밖을 나가지 않아도 바깥세상의 돌아가는 이치를 깨우치는 사람이 어진 이의 모습이다. 자족할 줄 아는 지혜를 지녔기에 눈은 맑고 밝다. 가치 기준을 마음에 두며 물질적 욕구에 집착하지 않는 삶을 추구한다. 그러기에 하루하루가 고요하며 행동거지는 장중하다. 그런 진중함으로 겨울을 보내고 만화방창(萬化方暢)의 새봄을 맞아 활짝 자신을 꽃 피우는 것이 산의 자세다. 어진 이가 건강하게 장수하는 이유고 여기에 있다. 언제나 새롭게 맞을 생기 넘치는 봄이 앞에 다가오기 때문이다. 이런 인자요산의 자족하는 삶을 살고 계신 분이 동백 선생이다.

산 중턱 노랫가락에 가슴 저린 눈길들이
자아 성 별빛 그림자 발자취가 지척인데
휘어져 지팡이 짚고 들숨 쉬는 나그네

-「시인별곡」 셋째 수

세상만사 내려놓고 팔자소관 사래 엎어
땀 흘린 귀촌 농부 약차 다도의 여백에
사계절! 그래 거기서 돌아보는 여유가

-「산으로 간 나」 셋째 수

자신이 '나그네' 임을 인식하는 삶을 사는 것은 생각처럼 쉽지 않다. 일찍이 인기가수 최의준은 "인생은 나그네길~" 이라 노래했지만 오늘을 살아가는 우리는 스스로를 나그네라고 생각할 수 없는 각박한 삶을 사는 것이 현실이다. 우리 인간은 자신의 의지와 무관하게 이 세상에 태어나서 한 세상을 힘들게 살다가 처음 온 곳으로 돌아간다. 빈손으로 왔다가 빈손으로 가는 '하숙생' 이요 '나그네' 임을 깨닫는 삶이 참 삶이요, 건강한 인생이다. 그럴 때 비로소 삶의 의미는 새로워진다. 살다보면 "세상만사 내려놓는" 일이 쉽지 않음을 느낀다. 잘 되는 일도 있고 못 되는 일도 많지만 그것을 "팔자소관" 으로 돌리고 "사래 얹기" 는 더욱 쉽지가 않다. 하지만 귀촌 농부 동백 선생은 과감한 결단을 내리고 산으로 들어갔다. 물론 사연이 없는 것은 아니겠지만, 그런 어려운 결단의 보상이 바로 산이 주는 "사계절!" 이요, 인생을 "돌아보는 여유" 의 축복이다 시사정(詩詞亭)을 짓고 사계절을 노래하는 시인의 모습에서 그런 사유와 건강함을 읽을 수 있다.

동백 홍승표 선생은 말씀 한 마디 한 마디에서 강하면서도 유연

한 인성을 발산한다. 詩에서도 그런 표정이 잔잔히 읽힌다. 대부분의 시편에서 가족과 관련된 정 나눔의 서정이 가슴을 울린다. 차 한 잔의 시간에서 어머니를 떠올리고 아내를 생각하는 마음은 애틋하다. "잔나비 걸상차를 우리려 하는데/ 때마침 산장 처마에 첫 눈이 내린다." 차를 우리는 평범한 일상의 한 장면이지만 '첫 눈' 으로 향한 시인의 따뜻한 시선이 독자를 끌어안는다.

어설픈 다도에도 언뜻 스친 추억들
가족 생계 서릿발 홍당무 어머니
마누라!
오늘 하루도
집안 고생 많았네

-「겨울 찻잔」둘째 수

아내에 대한 고마움의 정서가 가슴을 촉촉이 적신다. "마누라!/ 오늘 하루도/ 집안 고생 많았네" 평범한 진술이지만 어쩌면 이 이상의 표현이 또 있을까 싶다. 무엇보다 진정성이 느껴지기 때문이다. 특히 동백 선생의 선친께서는 6.25때 혁혁한 전공을 세우신 분이시다. 빛나는 전공을 세우고 부상을 당한 몸이었지만 훈장을 받지 못한 채 제대를 했고 고통 속에 지내다가 생을 마감하셨다. 어려움이 많았지만, 다행히 뒤늦게 국가 유공자의 법적 지위를 찾았고 충무 무공 훈장 수훈과 1994년 추모비 건립도 이뤄졌다. 〈호랑아비 2〉 시편 등에는 시인의 이런 아픔과 영광의 감회가 서려 있다.

살다 문득 도래한 유월이
천덕꾸러기 잘못해도 환한 웃음 웅하실 제
사랑이 뚝뚝 흘러서 사무쳐 끝이 없고
(중략)

해병 맹호 길목마다 초연에 가리운 모습으로
다시는 뵈옵지 못할 머나먼 곳 계시기에
이 아들 부르는 노래 내 그리운 아버지

-「호랑 아비 2」 다섯째 수

6.25 상흔이 아직 아물지 않고 있는 6월은 시인에게 통곡의 계절이다. 부자간 나눈 이승에서의 짧은 사랑은 6월이 돌아오면 그리움이 재발되어 시인의 가슴을 적신다. 하지만 선친이 살아계실 때 그렇게도 여망하던 통일은 여전히 암울하고 휴전선은 설한에 얼어붙어 있는 현실이다. 〈유월 장미 2〉에는 그러한 복잡한 심사가 담겨 있다.

필부 따라 못 간 설움 붉어 아픈 저 가슴아
오! 강산이 변하도록 그 통일 오마 던 약속
솔가지 문설주 부여안고 뭉클뭉클 울었더냐!

-「유월 장미 2」 둘째 수

이번 시집은 동백 선생의 칠순기념 시집이다. 그만큼 그동안의 삶을 돌아보는 의미가 남다른 것이다. 이번 시집은 시조가 중심 시 형식이지만, 시인은 정격의 시조에서 조금은 자율운 시 형식을 구사하고 있다. 현대시조는 정형시다. 천년 전부터 내려오는 우리 민족의 숨결이요 가락이다. 형식 중에서도 종장이 엄격한데 "5/5~

9/4/3" 의 음절 구성을 요구한다. 첫 음보는 3음절, 둘째 음보는 5~9음절을 지켜야 하는데, 시인의 작품에서는 이 부분의 파괴가 많이 일어나고 있다. 현대시조에서 용납되지 않는 부분인 만큼 앞으로의 창작에 참고할 필요가 있다.

칠순 기념 시집 출간을 축하드리며 앞으로의 건필을 기원 드린다.

1부 시인 별곡

2부 기업문화

3부 추억의 표정

4부 초록정

5부 여행

6부 유월 장미

7부 사월

8부 스나이퍼

9부 문예 향의 동반자

10부 축시

몽상의 잘난 시절
청운 꿈 접은 뜻이
책무에 허덕이는
세속이 포도청이고

1부

시인별곡

시인 별곡

몽상의 잘난 시절 청운 꿈 접은 뜻이
책무에 허덕이는 세속이 포도청이고
무영탑 갈증 문에 다시 잡고 씨름할제

설한풍 피할 수는 아랫목이 따뜻하고
봄나물 비수구미에 살 평상 부채질도
이만하면 호언 대장부 살림살이 어때서

산 중턱 노랫가락에 가슴 저린 눈길들이
자아 성 별빛 그림자 발자취가 지척인데
휘어져 지팡이 짚고 들숨 쉬는 나그네

겨울 찻잔

잔나비 걸상 차를 우리려 하는데
나이 먹도록 소파에 묻혀 살았어

때마침 산장 처마에 첫눈이 내린다.
어설픈 다도에도 언 듯 스친 추억들

가족생계 서릿발 홍당무 어머니
마누라!
오늘 하루도
집안 고생 많았네

야생 가

잘살고 못사는 것
철학이라 말해놓고
선악 설 짊어지고
살아남는 아귀다툼

의지대로 못사는 것
내가 만든 세속굴레
태어날 때 사주팔자
외로운 신세타령

자아 위한 향기로운
천하지대본이라
어쩌다
어리석다는
로망 했던 자연인

오죽(烏竹)

청산은 할 일 없이
언제나 푸르러
태산은 끝 간데없이
높아만 솟아라

한 백 년 살 것 같은
당당한 야심은
나고 가실 제
빈손인 것을

태산은 나를 보고
늘 웃으라 하고
청산은
나를 보고 늘
가난하라 하지요

오죽(烏竹)2

태백산맥 푸르러
마읍천 굽이돌아
남대천 바다에
쪽빛으로 흐르고

중천에 뜬구름 욕심
멀쩡히 눈먼 장님을 보니
욕심없어 늘 가난하고
웃음으로 늘 베풀다가

검게 타버린 바람에
가녀린 듯 곧은 기상이
한복에
수염 긴 동백(東伯)
시골 한 채 울타리

오죽(烏竹)3

옹달샘 달빛 앉아 젖을 뜻이 없고
울타리 오죽은 달빛 쓸어도
먼지 없이 소리만 나네!

갈증 항아리 청빈 유생 초
시린 하늘에 닿을 듯
무심한 눈시울 곧은 낚시

달빛은 샘물에 젖을 뜻이 없고
오죽은
달빛 쓸어도
먼지 없이 소리만 나네

오죽(烏竹) 4

태백산맥 푸르러 마읍천 굽이돌아
쪽빛으로 흐르는 개 산 처마 자락에
쓰러질 듯 초가삼간 찬란한 무공(武功)후손

내 뜻 아닌 선비족보 믿었던 윤리 도덕
검게 탄 바람에 웃음으로 늘 베풀다가
가녀린 듯 곧은 기상은 소박만 한 울타리

초근목피 그 세월에 용맹한 어머니여
자식도 나고 가실 제 빈손인 것이라
무아에 속세 등진 자 오죽 필묵 동백아

잃어버린 나

인생은 무엇인가?
물어본 불혹에서

개천에서 승리한 뒤
잃어버린 자아 철학

산 넘고
물 건너 헤맨
오매불망 삼십 년

묫자리

퇴색하는 끝자락 부여잡은 유교 사상
잔챙이 가치라도 은근한 전통나열

좌청룡 우백호 족보 열남 서기들이
기록으로 이르는 한 백 년 삶에 무게

이승 저승의 갈림길 낯선 이정표
묘비엔
그 무엇으로
떳떳하게 채우나?

찬란한 젊음이
포도청에 주름 잡혀
홀씨 같이 날아들어
일궈온 터전에
청사진에 없는 것
기초의 형틀

2부

기업문화

기업문화

찬란한 젊음이 포도청에 주름 잡혀
홀씨 같이 날아들어 일궈온 터전에
청사진에 없는 것 기초의 형틀

세계화 상량에 첨단의 석가래
육중한 관리들이 하늘을 가리고서
미력한 초석들은 보이지 말련다

선진대열 우량화가 모두 들에 길
뚜렷한 기둥 아래 음영의 아픔들
재판에 저승사자가 어느 위에 손들까?

기업문화 3

생동의 봄기운은
끝 가지로 향하여
월계수 약속이 녹색을 잃어도

임께선 나를 보고
늘 푸르러라 하고
관리는 나를 보고 늘 그늘이래

밤인지 낮인지 분간 못할 안갯길
십오야!
밝은 달뜨니
그림자는 웃었다.

숯

색깔이 검다고 제 할 일이 없을까?
가마 속을 열고 보니 불기운이 차갑다.
좋아서 달이면 뜨거운 것을

인사 무정 가슴 졸인 성인의 업이라
굴레 세속 세상 가마 타는 심사 오열하니
성선설 멍든 사고 욕심들이 컴컴하다.

위대한 섭리는 진리 이어 늘
사랑도 정열도 탈수록 예술인데
만사가 불덩이라서 타고나면 재만이라오

기다림

선입은 일고의 어의님 뵈옵기를
흐린 백주에 월출이듯 하는데
애달픈 동아줄 종점 잃은 이정표

허리띠 졸라매도 청춘은 노래하니
춘풍 따라 죽림에 강배 짓다가
아이고 억수장마 노마저 잃었구나

무심한 세월 강만 흐르는데
석양은 단풍잎 떠 내릴 때나?
뭍 가세 달빛 그림자 긴그리움 닿을까?

큰 섬

갈매기 벗 삼은 한 나루 큰 섬이 있었네!
비릿한 뱃사공 낚시꾼 시선들 삼키며
눈 부신 햇살로 그 옛적도 있었구나!

유혹의 계절 파도쯤 물보라를 그리며
속옷까지 할켜 버릴 태풍이 몰아쳐도
설렘도 육중한 정박 그렇게도 젖었구나!

가녀린 돛단배 타향살이 세파에
꿈꾸는 소금 바람이 만져지는 뭍 가세
뱃고동 고향갈비에 석화로도 피었을까?

파도여

생명의 숨소리 영혼을 빚어내
청풍 자락 밤새워 두들기다가
폭풍으로 암벽 뜨락에 격동의 환희여

세속 한 짐 벗어들고 모래 흔적 밟고 앉아
푸른 속살에 알몸 던진 청춘 그대
원색으로 물들인 헤집은 가슴은 누군가

생명의 젖가슴을 어루만진 폐부에
코스모스 언덕 너머로 모래톱 씻는 소리
조약돌 구르는 소리 모로 굴러 모를레라

머슴

조용할 땐 생각에 잠기나요?
설계는 생애에 반백을 넘겼는데

아직도 그 약속만은 사계 병풍 강산에
월화가 수 놓고도 화룡점정 빼먹었네

흐릿한 달무리도 가라앉은 여울에
시름은
낚싯줄 끝에
가지런히 묶었소

목석

산 너머 행복이 그렇게 있었길래
그대는 젊음을 지고 그런대로 넘었다고

세속에 있을 산이련만 또다시
멀어져 저만치 다시 또 있네

마주한 서너 고개 쉽지마는 아닐 텐데
마음속
숨바꼭질은
회심마저 맴돈다.

명예퇴직

허수아비 황금 여울 양팔에 도포 자락
뺑 뚫린 맥고자 요란스레 속에서
참새 한 쌍이나마 둥지 틀까?

기우뚱 원두막엔 아무도 없소
잠자리 짝짓기에 바람들어와 졸다가
화들짝 불청객추억 깨어나곤 하는데

화려한 시멘트 경기장 침묵을 거듭 타가
갈대지붕 다시 잇고 어릿광대 병풍 치면
아서라 담뱃대 물고 청승 지기 아무도 없소

사직 무언

임께선 나를 보고 늘 푸르러라 하더니만
이십 년 근무 성상에 기록만이 부끄러워
호피만 못할 이름 빼앗긴 청춘아

세계화 상량에 첨단의 석가래
청사진에 없는 것 기초의 형틀
미력한 초석들은 빛을 보지 말레라

한오백년 삭힌 종소리 미련도 버리고
산허리 새벽 잔해로 풀어내는 체신 열
이제는 햇볕 한 줌에 곰솔까지 눈물겹다.

날개

고요로운 일출
새바람이 풍진 내음

비릿한 그리움
가슴 헤쳐 솟구치는 영혼

수평선
깃털 가르고
날아올라 가련다

귀향 2

굴피지붕 잔설 누더기 깁던 대관령
안녕 빌던 돌무더기 고개 숙인 이정표
목이 길어 추억은 내 고향 가고파라

기암괴석 명사십리 유년 동심 물보라
황금들녘 밭두렁 콩 까시리 수염 달고
매미 끌 숨 늘어져 귀를 먹은 할머니

개나리 진달래 곱게 핀 태 버린 동쪽
원시림 배짱이 그늘 약속 있는 개암 땅
눈동자 그리운 사슴 지게 목동 춤사위

안개비는 파문 여울로
묻고 싶은 표정의 밤낮
상념이 세월만큼
설정 석화로 변하면

3부

추억의 표정

추억의 표정

안개비는 파문 여울로
묻고 싶은 표정의 밤낮

상념이 세월만큼
설정 석화로 변하면

허영만
길게 누우리
기약 없는 목소리

독신

성상의 끝과 시작에서
소유도 사유도 아닌데

상처들의 두꺼운 퇴적
정열도 아니 빛나는 자아

눈빛엔
굴뚝 연기가
소설의 쉰 그림자

한 나루 낚시 배

동해 일출의 열정이 나를 부르고
일성호가에 설레 이는 월척의 꿈
새색시 검푸른 옷고름 풀어헤친다

잔파도가 저미는 세인들의 잔소리
빼앗긴 손맛에 이성 잃은 먹이사슬
자연의 품 안에서 긴 질곡의 심판자여

부산 아지매가 그리운 그대는 항구
활짝 핀 방태기 주는 대로 담았노라고
한적한 또 다른 정박 백 갈매기 모여든다.

낚시 배 현대화사업에 즈음하여

시스템의 변신

여닫히는 시동이 키 없이 돌아가고
건강하게 정리되는 동 정맥의 미로가
그것참, 회로 시스템 희한한 장관 일색

남이 하는 마술이고 손수 하는 과학 세상
베일 속을 진단함은 신들만이 하는 세상
오호라 바쁜 일상에 당신만이 전지전능

몰라도 되는 세상을 그렇게 숙명처럼
살기 위한 불편이 너에게 말하기를
지향적
미래세대의
중추적인 꽃이야.

낚시 배 현대화사업에 즈음하여

남자라는 이유

야산 등정에 굽이굽이 돌아본 이십 년
꿈많은 청년이 나라 지키는 우선 신념
설익은 인생 철학에 지속하는 숙제에도

왕성한 중년 가장의
이미지 세속관리 등
흐릿한 저기압인가?

먹을 만큼 칠순은 누가 볼까 두려운데
엉엉하고 펑펑 울면서 돌아서서 감추는
아리랑 넘어선 고개 남자이기 때문에

애주가

모락모락 아내 바가지
모자라는 종잣돈
몽환 속 풀이 숯덩이
속 긁어 짜낼 수냐

패배감 성취감
양날 기회 모두 한자
빈청의 졸인 가슴에
절친하단 해결사

모닥불 물 붓는 소리
청아하게 찰랑 되네
고로해
논고 논할 자
너뿐인가 하노라.

수술대에서 1

나만은 사주팔자에 항상토록 건강하지
평소 일상 신진대사 이상 증상 생겼는데
진단해야 할 시간 어쩌라고 없는가.

설마 했던 누적 숙제 봇물로도 터질지고
우왕좌왕 응급실은 불안 당한 마른 침묵
천행에 보우하소서 가시넝쿨 동아줄아

정밀진단 금식 처방 자유 제한 입원실
투명한 링거 방울 가슴 치는 천둥소리
일상의 소소한 행복 소중했던 먹거리

수술대에서 2

알몸 속을 비추려는 화려한 주마등
섬뜩한 냉정만이 차디찬 수술대에
부모님 주신 몸집 집도의께 맡겨두고

암 존을 찾아선 복강경 게발 머신
가족의 뜨거운 기도 애가 타는 운명이여
내장을 더듬다가 세속 암도 잘라주오.

노적가리 속세 연을 내려놓을 자유인아
누각에 걸린 집념 청렴 삶에 청산 지기
살아 본 야인선비가 회안 많은 상아탑

수술대에서 3

환자분 들리세요. 눈을 떠 보세요
다시 깨어난다면 다른 세상이기를
보호자 알아본다고 다행이라 할진대

수술은 잘되었고 물 마시면 안 됩니다.
갈증도 욕심인가 못 내리는 미련인가?
두둥실 구름을 타고 떠 다니는 회복실

상처가 고통이면 갈등도 고통이라
살자고 했으면 더 열심히 살고지고
집도한 교수님 철학 숙명으로 살아라!

감사합니다.
안 병권 교수님 의술 철학에 감탄하며
돼 살이 삶을 東伯이 투영한 노래입니다.

올봄에 오겠지

은둔 골짜기만큼 길어지는 세월은
초립 대문 휑한 문설주 시선들을
빛바랜 앙금 눈길마저 돌려야지

켜켜로 쌓인 한 퇴색으로 외면하고
하얗게 뒤척인 날 가슴 아려와
아지랑이 봄 가슴 통한으로 막으려오?

소슬바람 수채화 지고 넘던 고갯길
내 가녀린 딸 그리운 고사리 손잡고
산 벗들 화사하게도 울먹이며 오려나.

감자 부침개

질척질척 장마철 초가 추녀 낙숫물
이랑에 분수 되어 뜨락에 오선지면
감자 울이 썩어서 어미 가슴 썩어서

담 모퉁이 부추가 빨간 고추 울 밑에
송알송알 은구슬 애호박 얽힌 사연
오동잎 우산 받고 고무신 행차 소리

강판에 모난 감자 녹아내린 산고 시름
빗방울 튀는 소리 기억나는 노랫소리
어울림 재료들이랑 송송 썰어 청청하다

감자 부침개 2

솥뚜껑에 아궁이 축축 눅은 보릿짚
솔잎 말이 들기름 목숨 찍어 돌린 세월
뭉실뭉실 피어올라 눈물 훔친 소망이여

쓰리 살짝 뒤집다가 희뜩 널찍 제쳐놓아
어른 잊은 고사리손 버릇 읊는 견물생심
초롱초롱 눈망울엔 절약 훈계 이슬 맺혀

한 많은 보릿고개 내 탓이라 팽개치면
부지깽이 튀는데 떡두꺼비 같이 뛰고
선 대손 대를 이어서 세월 강이 흐른다.

은빛 산여울에 간지럼 타는데
떠받친 하늘 갈대 이엉 지붕 아래
목각인 시 한 수 속세 등진 삶인가?

4부

초록정

초록정

은빛 산여울에 간지럼 타는데
떠받친 하늘 갈대 이엉 지붕 아래
목각인 시 한 수 속세 등진 삶인가?

안개 구슬 추녀마다 시소 그리면
운산 같은 묵향 피워 시인 가슴 열리오.
목석으로 햇살처럼 은근히 엿보리라

술향기 따라 젖어 깊은 밤 흔들 적에
촛불에 시심 묶어 여기 묻고 가려니
청산을 닮아 그렸네! 다시 오마 초록정

두타산

삼척 반생
동해 반생
뻗어내린 가르마 줄기

쪽 빚어 틀어 올린 정상
표지석에 꽂아라

양가에
사돈 계 맺을
맏며느리 위풍일레라

산으로 간 나

젊은 날에는 국가와 민족을 위하여
지천명엔 자아를 잊었고 이순의 낙향은
언제나 그리운 어머니 젖가슴이어라

지친 육신 불청객이 시샘하더라도
아련한 손맛 더듬이의 미각들
그렇게 목매던 늘 푸른 세상 한 모퉁이

세상만사 내려놓고 팔자소관 사래 엎어
땀 흘린 귀촌 농부 약차 다도의 여백에
사계절! 그래 거기서 돌아보는 여유가

송이 산

청림에 삶이 좋아 뫼를 찾아 올랐더라
백팔번뇌 사르고 무영탑 세우려는데
눈썹달 가녀린 빛에 노송 그늘 길게 누었네

스산한 가을바람 여명을 밀어가도
동해의 집어등 시린 별 시샘하니
끈질긴 속세의 인연 뒤척이는 하얀 밤

아이고 억겁의 미곡 그 속살을 헤집은
열상들이 곰삭은 황홀한 남근상이라
끼 놈이 볼썽사납게 해 오름을 보느냐?

별 내리는 산장

개산 졸 봉 산자락에 조각배 닻 올리고
시린 별은 함박으로 무심히도 흐르는데
삼림욕 젖어버린 곳 송이 산장 여기엔

그 옛적 소쩍새 사연도 아스라이
유연의 보릿고개 아련히 그 먼 길로
빛바랜 자아를 불러 단장으로 에이 누나

밤새 모닥불 피운 곤한 잠결에
키 쓰고 고개 숙인 자존심 구걸이
볼 아래 한 줌 흩뿌린 달빛소금이어라

詩詞亭

보름달
시샘하는 별
억새 이엉 지붕 잇고

산 약초
억겁 헤집는
천년 지기 집어등

시사정
시인 묵객은
삼라만상 노래하네.

송이 산책로

청산은 말없이
창공은 티 없이

사랑도 미움도
모두 다 내려놓고

물결에
갈바람 같이
되살다가 가라 하네

마루 뜰

은신처를 북돋아
그 산자락에 누어보니

쌍 태극에 사계마다
풍수지리 명당이라

마루 뜰
시인의 산야
운우지정 그립다

치산정(治山亭)

상록의 자락에 산 벗 흐드러지면
생동이 용솟음치는 고사리 산채들
삼복에 뭇 매미들도 끌 숨 쉬다 잠들어

동해에 집어등 시린 별 시샘하니
미곡 산 세월 헤집은 동량의 억겁일랑
한가위 보름달 아래 갈대 이엉 지붕 잇고

설한 수신 낙락장송
사계 사철 치국 지평에
치산정 시인 묵객이 신선과 노니노라.

민들레 2

겨우내 꿈을 꾸고
꽃등 밀어 창을 여니

벌 나비 갈등 뒤에
도도한 백골 두상아

봄바람
질투 맵시에
백모(伯母) 길손 서럽다

세월 현주소

노송은
한 천년 살아도
우두커니 말이 없고

선진화
세월 강 흘러
회안 안고 도는데

노인도
세파 민심에
산전수전 말이 없네.

신선도

월산에 속세를 비운
남루한 세간살이
때 묻은 도사님 따라
야생수행 자아도

천심의 가르침은
스승이 없는 것을
심산에 살고지고
신들이 반기겠소

청명 달밤 낚시 전율
접시 물에 드리우고
무아에
신선 마당을
자리 얻고 올라라

강태공 2

삶의 무게에 휘어 늘어진
노송 가지 등걸에 매달린 상현달
외로운 나그네 길 찾아 나서고

서린 가슴속 파문 진 여울에
드리운 낚싯줄 월척의 일성호가는
적막한 밤에 뉘를 불러 헤는지

동방으로 길게 누운 그림자
영혼의 맑은 눈 그리울 때
호숫가
첫닭 소리가
나를 찾아 여워나?

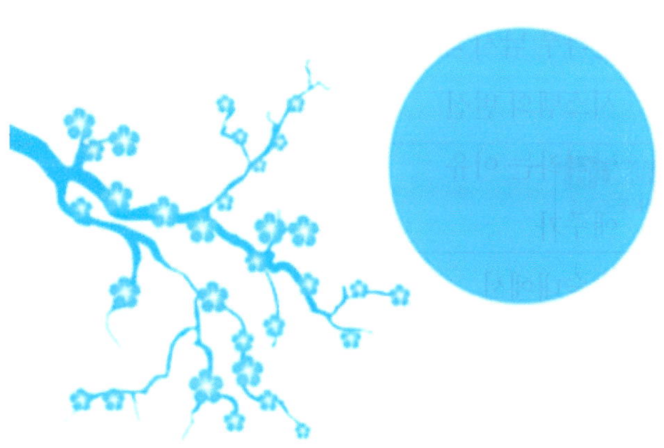

하늘과 땅 사이
땀에 저린 여름만이
삶에 무게는
간이역 철로 위로 누웠다

5부

여행 • • •

여행 2

하늘과 땅 사이
땀에 저린 여름만이
삶에 무게는
간이역 철로 위로 누웠다

마당엔 모깃불
쑥 향기 피어나
머물고 싶어
가고 싶은 곳

세상사 현기증엔
고향산천 보고지고
불멍이
그리운 안식
무아지경 모닥불

역마살 2

방랑시인 풍류 따라
흐르는 세월은
조석에게 문전걸식
詩 한수로 밥값 치르고

진초록 삶에 봇짐
잔디밭 등 뉘온 하늘지붕
첫사랑 얼룩진 별빛 호롱
때 묻은 베게 깃 꿈들이

그리워 헤아린 계절
오늘마저 외로워
왔다가
사라져버린
너를 닮은 오로라

설중난

침묵의 산야에 누구의 돌 섶
두고 보니 혼자 너였구나!

켜켜로 쌓인 세월
만상 풍화에 이슬 머금고

천리향
곰삭은 노래
나를 불러 헤이나

무릉 계곡

청옥산 두 타 산성 보름달 반을 눌러
연 쪽빛 젖무덤을 상원 터에 수반하고
병풍암 물상을 비바람에 그리다가

삼라만상 흩쳐놓아 가쁜 혼의 사계 사철
우기에 두고 온 날개 문간 재 못 오르고
무심한 세월 하늘 문 다급하게 올랐나?

세 선녀 승천한 용추폭포 허전할 제
가부좌 신선바위 공덕이 역력하니
금난정 시인 묵객은 무릉반석 노래하네.

* 두 타 산성, 청옥산, 상원 터, 병풍암, 신선바위, 용추폭포, 금난정, 무릉 반석, 문 간재, 하늘문은 동해시 무릉계곡에 있는 명소.

무인도 선물

새천년 수평을 밀어 올린 햇무리가
생명의 발원으로 원색을 부르나니
도전적 젊은 본성 고동으로 일깨운다.

삶의 편린 보따리에 속세 등지고
푸른 속살에 알몸 던진 그대여
욕심도 미련마저도 무인도에 저몄는가.

아담이 천년을 빌려준 견운모 이야기
태고의 속삭임 매끄러운 님의 축제여
세인의 지고 사랑을 조물주라 알거나.

안경

비벼보아도 못 믿을 현실을 이기려고
또 다른 하나의 얼굴을 써야 하는구나!

보고 싶은 것만 보아도 모자랄 젊음에
듣기 싫은 소리마저 어지러운 세월이라

청산을 꿈꾸고 미곡 사계를 등정한 시계
세상이
맑아졌나 봐
그대 마음 보이네

천객만래

사람이 그리운 나그네
잠시 머물던 자리엔
커피잔에 피어오른
아련한 하소연만
테이블 위에 남아있고

사투리에 못 말리는 넋두리
오늘도 변함없는 수다학
넉넉한 몸짓에 본듯한 그 얼굴

내일도 설레는 꿈 많은 상록수
문설주엔 때 묻은 기다림에도
청년몰
선호할 향수
물레방아 입소문

장가 계(張家界)

장가 계 맥을 이은 금강산 설악은
진일보 신 일경 수수산전(水隨山轉) 산인수활(山因水活)
절세의 신공 조화를 어찌 다 연필 하리요.

수만 계 전설 신화를 구구절절 보우하사
석양은 천하 장관을 신선들의 논제라 하거늘
어째서 백 세 노인을 늙었다고 하리요

취선봉 자락 보봉호 편린 쪽 물 위에
천상 존경 폭포수야 강태공을 불러서
오늘도 인간 요지에 자연으로 쓰노라.

백일홍

사계를 열어 붉어 아픈 석 달 열흘
낮달 보고 주저리 열린 가슴으로
새 각시 훔쳐보아도 사대부 다홍치마

아지랑이 숲속에 속살 찢는 전율이
억수장마 켜켜이 돌려친 매무새하고
백날을 기다린 심성 안개 같은 산고라

지친 육신 정조대는 허물 벗어 없는데
첫날밤 속옷 수놓은 혈흔 화 끝자락에
반백의 퇴색 옷고름 부여잡은 길손아

진고개

굽잇길 다리 곡선 곁 눈길 올라서
폐부에 가슴 한구석 선약한 길섶에
속눈썹 안개비 진달래 소녀야

칠보단장 허망 아래 잔설 누더기
휑한 바람결에 손사래 전하고서
그렇게 임에 눈길 기다린 세월에

가신님은 사계절에도 나를 잊었나?
화들짝 자지러진 허리춤 매무새에
산딸기 소박한 길손 입술 닮은 산모롱이

갤러리

갈바람 길게 드리운 밤
울컥 외로운 갈증으로
빈 잔 들고 가슴 적실 때

개척자 시선 기다리다가
향기 잃은 꽃 한 송이
흠뻑 젖은 조명같이 지쳤구나

바람 불어 좋은 날 이야기 늘어진대
초라한 봇짐꾸러미 구석 자리 잡고는
오늘도 금광 줄기만 기다리는 나그네

문예 향 거리

늘 푸른 인연들이 가난한 눈망울로
신선한 미소에 포장된 거짓 사르고
문예 향 관동에 서릿발 엮는다

삶에 지병 털어 갈증으로 충만한 생동
초석의 못난 끼 우아한 선 갈고닦아
오월에 전통의 홍조 띤 여인상

향수 뿌린 감동에 설레는 외출을
아아로운 문예 향 묻어난 워킹으로
화려한 사계 거리로 그네들은 행복하노니

객주 2

주막집 모퉁이 늘어진 수양버들아
바람에 체질하여 무슨 말 하려는지
객주인정 세파 따라 한숨처럼 길었구나

지친 육신 잠시 잠깐 기댈 곳 찾아서
인생 여로 운명이라 아니 감만 못한 길
꿈 많은 선비 명색 체면이 딱도 할 세

세월 변한 속정은 포근한 망향 노래
만 세경 사계 따라 묵객 풍류 안고서
순풍에 뱃길 재촉을 약속인양 가련다

왜냐구요

아들로 태어났기 때문에
이 나라에 국민으로서
평범하길 원해서

열심히 살아왔고
이룰 만큼 이루었는데
왜냐구요

아직도 부족한가요
못다 이룬 꿈이라도 남아있나요?
자아여!
살아있음에
도전해야 느끼리라

4.7 교훈

선조 님들의 피 흘린
자유민주주의에서

공정성과 상식에
내,로,남,불은

건국의
사회성 인간
감성이라 훔친다.

6부

유월의 장미

유월 장미 2

해 돋는 소박 마을 쓰러질 듯 초가삼간
파뿌리 될 때까지 늦다 정 살자 다가
염원에 서린 강산에 훠이 훠이 상여 타고

필부 따라 못 간 설움 붉어 아픈 저 가슴아
오! 강산이 변하도록 그 통일 오마 던 약속
솔가지 문설주 부여안고 뭉클뭉클 울었더냐!

소스라친 잔 그리움 꿈에라도 잊을까?
초립 대문 문지기 선혈인 듯 피었거든.
아들아 꺾지 말아라. 제제 못한 어머니

호랑 아비 2

살다 문득 도래한 유월이
천덕꾸러기 잘못해도 환한 웃음 응하실 제
사랑이 뚝뚝 흘러서 사무쳐 끝이 없고

잔디 입혀 봉분 지어 통곡 삼잔 올리면
하늘이 무너져 주저앉은 어머니
남은 목숨 어이 살라 시오

여망의 휴전선 암울한 설한인데
살아서 목메던 단장의 비목
당신께서 노래하던 전선야곡 여울로

세세 만만 년 조국은 무엇인가?
귀감의 충무 무공 남기시고 가신 뜻
아! 목마른 충효 사상 잊힐 리야

해병 맹호 길목마다 초연에 가리운 모습으로
다시는 뵈옵지 못할 머나먼 곳 계시기에
이 아들 부르는 노래 내 그리운 아버지

봉선화

봉분 앞에 심은 뜻은
섬뜩 소스라쳐 놀란 듯이
당신인가 생각하려오

정성 들여 가꾼 뜻은
못다 핀 정 한 맺힌 설움이
이승에서 그리운 당신 때문에

몽실한 꽃잎 따다 물들인 뜻은
절절히 스민 붉은 선혈로
애절한
사연 전해서
오래도록 연민하려오

비문

忠武 武功 殊勳
南陽 洪公 順天 之墓

서기 1950년 6월 25일 동족상잔의 사변이 발발하자 조국을 지키기 위해 동년 8월 15일 제14기 해군 해병대 상등병으로 재입대 2기로써 해병대 창설 및 육성 요원으로 신병 훈련소 교관단의 근무에 열중하던 중 고향으로부터 북괴 앞잡이들에 의해 전 가족이 몰사했다는 비보를 접하게 되므로 사령관에게 죽기를 청하여 해병대 제1연대에 배속된다.

이때부터 청사에 빛나는 해병대의 팔대 작전 중 귀신 잡는 해병의 신화를 남긴 통영 상륙작전 불멸의 대작전인 인천상륙작전과 수도탈환작전, 3군단의 위기를 구한 영월, 정선, 평창지구 전투, 찬연한 전성의 금자탑이며, 돌아오지 않는 해병의 명성을 남긴 도솔산 24개 목표 탈환 작전, 지뢰로 요새화한 김일성 고지탈환 작전 등을 제주도 호랑이 별명에 걸맞은 용맹으로 기어이 924고지의 태극기를 꽂고 부상당할 때까지 크고 작은 수많은 전투의 최선봉 지휘자로서 신들이 경탄할 무공을 세웠고 부상당한 몸으로 오직 전장으로 가기만을 원하며 후배양성에 혼신의 힘을 다하던 중 가족 소식을 전해들어 명예 제대를 하게 됨에 따라 이는 애국정신의 항구적인 귀감으로서 후세에 길이 빛날 최고 훈장을 전해 받지 못한 채 당신이 지킨 이 나라 이 땅의 참된 조국 통일을 눈앞에 두고 한 많은 세상을 하직한 노병의 영전에, 국민의 이름으로 바치노니 부디 고이 잠드소서!

서기, 1994년 6월 1일 대통령

詩 : 호랑 아비 외 2편의 연작시 애절한 배경을 부족하게나마 약론 해 보겠습니다.

한민족 동족상잔의 지울 수 없는 육이오전쟁 역사 속에 절대 잊어서는 안 될 역사적 교훈과 한 노병의 전사 실록을 통한 삶과 죽음, 전우애와 그리운 가족 그리고 진정한 용기가 물질문명의 시대적 무관심 속에, 퇴색해 사장되는 안타까움에 십수 년을 몸부림치다가 백의종군, 청렴의 유지를 다소나마 받들고 부자간의 못다 한 사랑이 목메, 영정 앞에 바친 시다.

장본인은 일제 강점기 보통학교를 졸업한 지식 한이라는 이유로, 일본 해군에 강제 징집되어 어쩔 수 없이 약 4년 동안을 적이 아닌 적에게 총부리를 대야 하는 기구한 운명에 처하면서, 홍안의 시절부터 나라 잃은 백성의 뼈저린 서러움을 남달리 가슴에 간직하고, 애국애족의 존귀함을 일찍 체험하는 그 세월은, 눈물로도 형언키 어렵다고 전한 피맺힌 흔적들이 남아있다.

2차 세계대전 종말과 함께 해방의 기쁨을 안고 꿈에도 그리던 내 나라 내 고향에 돌아와, 일인 치하의 잔존, 일인 재산유출, 치안 유지 등 해방의 무질서를 바로잡는 사명감으로, 삼척지역 대한 애국청년단장을 역임하게 된다..

남다른 애국 충열과 효 사상은 지역 대소사에 앞장서며, 부모님 모시는데 그 누구도 따를 수 없는 정성을 다하여, 이웃과 주변 인사들로부터 추앙을 받아 오셨다.

특히 반공사상에 앞장섰던 인사였으므로, 공비들로부터 암살 대상이기도 했다.

불과 4년 여를 부모 · 자식과 고향의 보릿고개와 씨름하면서, 다소 행복한 시절은 구름처럼 흘러가고, 시국적으로 걱정하던 이데올로기의 망령인 6 · 25가 발발하자, 그 날밤 비밀리에 또다시 정든 고향을 등지고 제주도로 피신 길에 오르게 된다.

제주도 해군부대 무관으로 근무를 시작한 지 2주 후, 해군 헌병 사령관에게, 일본 해군 징용과 대한 애국청년단장의 경력으로 발탁되어 해군헌병대 상등병으로 재입대하게 되었다.

해군 해병대 교관 요원으로 후배양성에 온 힘을 기울이던 중, 고향으로부터 비보를 받게 된다. 고향에 남아있는 가족, 친지들이 빨갱이 앞잡이들로부터 학대와 수모를 당하고, 직계가족은 인민재판에 의해 대창으로 모두 몰살했다는 내용이었다.

청천벽력과 같은 믿지 못할 사실에 치를 떨며, 이 한목숨 살아서 무엇하랴, 차라리 처자식의 원수나 갚자고 다짐하면서, 사령관에게 죽기를 청해 해병 제1연대에 배속된다.

이때부터 청사에 빛나는 해병대의 8대 작전 전개 과정마다, 최전선을 자원하여 한 명의 적군이라도 더 쳐부수어야 한다는 사명감에 몸부림치며 수많은 고지점령과 한반도 산하의 전장을 동분서주하면서 "귀신 잡는 해병대" 전사 록에 "제주도 호랑이"라는 별명이 기록될 만큼 지략과 용맹을 떨쳤고, 그때마다 수여되는 각종 훈장을 부하에게 돌려, 피보다 진한 전우애와 희생정신이, 무적해병의 전투력을 자아내는 원동력이 되기도 하였다 한다.

계속되는 전장의 승승장구. 전승의 도솔산 탈환을 뒤로하고 펀치볼 전투 대목표인, 이름하여 924 김일성 고지탈환 작전의 주야 전 후퇴 상황에서, 마지막 선두 점령의 태극기를 꽂고, 도주하는 적 잔병의 추격전을 벌이시다, 매복 적병의 포탄에 부상을 당하셨다.

부대에서는 사령관 이하 모든 전우가, 나이가 많았음에 "영감님"이라 호칭했고, 살아남을 확률 제로의 전투에서, 최후 승리자로 살아남아 불사신이라고 하였으며, 화려한 전투경력과 지휘력으로 다른 소대에 비해 살아남은 부하들이 많아, 영감 소대에 배속되기를 원했던 분위기가 재편성 때마다 재현되었다 한다.

당신의 부상은 차기 전투를 걱정하는 소리와 부대의 어머니를 떠나보내는 것처럼 급가설 미군 헬기장까지 늘어선 전우들 모두가 한결같이 애통해하였다 한다.

특별히 미 해군 병원에 도착한 후, 우측 넓적다리부를 잘라야 살 수 있다는 통역관을 통한 미 해병 의관 말에, 묵시의 한국해 병 특유 기질과 오로지 죽기만을 원한, 오랜 전투의 잔상인 단말마적 살기의 눈동자를 보고, 올드 타이거의 용맹에 찬탄하면서, 절단이 아닌 대수술로 치료가 가능하도록 정성을 쏟았다고 한다.

미군병원에서 김치를 그리워하며, 목발을 짚을 수 있을 때부터 최전선 자대 복귀를 불같이 요청하자, 사령관께서 달래어 해병 훈련과 후배양성의 교관단 근무를 명했다.

훈련소에서는 목발 짚은 제주도 호랑이. 전장의 불사신의 산 경험을 바탕을 진행된 훈련내용은, 살아남기 위한 최선의 방법이라고 대대로 전해졌다 한다.

부상 부위가 호전을 보이는 만큼, 신병들의 훈련에 열중하던 어느 날, 고향 후배로부터 환희의 소식을 듣게 된다. 국군이 대대적 북진에 돌입, 공병 수송대를 인솔하여 삼척지역을 통과할 때, 도로 보수 부역 동원 차 양변으로 늘어서 환호하던 가족들을 분명히 보았다는 그것과 아직도 밤이면 도주로가 차단되어 양민을 괴롭히는 지방 빨갱이들이 속출한다는 것이었다.

급거 위험을 말리는 사령관에게 실무장 휴가를 명받아 꿈에도 그리던 가족 상봉을, 주도면밀한 야심한 밤을 통해서 하게 되었다.

상봉 후 자세한 주변 상황 정보를 입수, 날이 밝자 차례로 적 잔병 및 앞잡이들을 색출, 관공서에 이첩하고 귀대하면서, 명예 제대를 하게 된다.

혁혁한 전공에 따라 수여되는 최고 훈장도 마다하고, 가족이 살아있음에 만족하며, 피폐 상황의 가족을 보살필 나날을 맞이하게 되었다.

그리하여 명예 제대를 9월 15일 서둘러 하는 바람에 해군 해병대의 최고 훈장인 충무무공훈장이 그해 12월 22일 뒤늦게 수여됨으로써 휴전 직전의 전황으로 당신의 고향에까지 전수되지 못한 불운을 맞는다.

희비가 엇갈리는 가족 상봉을 한 후에도, 오로지 애국애족하는 마음으로 국가에서 보장하는 각종 수훈, 수혜를 사양하고, 불편한 몸으로 십수 년을 부모 처자식을 봉양하시다, 1968년 6월 국가 유공을 밝히라는 그 시대의 요청을 받고 보훈청과 해군본부에 설레는 부푼 꿈을 안고 동부인하여 출두하였으나, 전장에 핏물 한 모금의 의미를 모르는 담당 공무원의 소태 같은 권위의식의 형식적 언행에 평생 신앙과 같은 애국 충혼에 손상을 입어 생의 회의로 시달리다가 자식들에게 이 사실을 알리지 말라는 유언을 남긴 채, 파란만장한 생을 마치신다….

다시는 돌아오지 못한 저세상으로 가신 지 벌써 수십 해가 지나 이제 당신이 두고 가신 미망인이 남편에 대한 명예회복과 빛나는 전공의 각종 훈 · 기장들을 찾아, 먼 훗날 자손들에게라도 당신의 가족사랑과 애국충정을 증표로 남겨야겠다는, 한 맺힌 이 사실을 관내 각급 기관단체장 및 어른들의 도움과 고견을 참작하여, 당신의 숭고한 업적을 상징하는, 충무 무공최고훈장 외 다수의 훈 기장과 국가유공자 법적 휘호를 부여받아, 별도 비문에 의한 추모비를 건립하게 되었다.

그러나 살아 계실 제 그렇게도 여망하시던 통일은 암울하게, 아직도 휴전선은 설한에 얼어붙고, 이승에서의 부자간에 짧기만 한 애틋한 사랑을 그리워하면서, 전후 세대의 사상적 교훈과 자식으로서의 못다 한 사랑을 영정 앞에 노래하게 되었습니다.

유품 중에는 일제 징용 시절 남태평양 진중에서, 고향 친구에게 어렵게 보내진 편지 중에, 애국충정을 짐작게 하는 「일진 중」과 자손에 대한 사랑과 교육 사상을 전한, "남아 생" 과 "여아 생" 을 조심스럽게 재고 합니다.

일진중

여보게 원님 네야
외로운 망국에 남아로 태어나
주위로 탄하기를 원적을 잃었나니
혈기는 가이없이 태백산을 넘나드이

남아 생	여아 생
일 인 집 론	일 언 효 언
일 신 공 헌	일 신 효 행
일 필 일 혼	일 생 충 본

참고되었으면 감사하겠습니다.

떡시루

전쟁영웅 아내가 공 드린 신령님 전
난세를 구하시고 무사 귀환 비 올 진데

아이야 부정 탈라 근접을 말리시고
말린 대추 늙은 호박 켜켜로 쌓으시어

백설기 떡 시루에 김 오를 때까지
아궁이
주린 배 잡고
불 집히는 어머니

어머니의 노래

초원은 언제나 푸르러 흐르고
백두에서 한라에 이은 역사를
총검으로 지켜가라 내 아들아

망상의 파도는 벗 삼을 백 년인가?
그립다. 고향 들녘 끝내 찾아올 길
묵시 모정 들판에 어디에 있다고

범민 가슴 따스한 눈 소식 뒤 안에
봄 개구리 서리님이여 서서 듣는가?
언제나
임의 목소리
햇살처럼 전할까?

염원

자식을 가슴에 묻고
씹어 삼킨 울분

들썩이는 등줄기 두고
얼굴 가린 손바닥

또다시
눈 떠보기를
사래질로 젓는다

장군의 아들

귀한 처자식 뒤로하고 전장을 호령함은
영웅으로 살아오라 고향 염원 시린 명령
나라 없는 서러움 숭고한 염원의 북소리

장남은 경찰 공무 탐관오리 젖었고
차남은 겁벌이라 집안 건사 불만이요
막내는 화이트칼라 아부 복지 당연지사

오롯이 남길 역사에 어느 한 놈이라도
총칼보다 강한 펜 설 부모 유지 우람한데
잊혀진 갓끈은둔자 그 이름만 글쟁이

성묫길 2

알밤 똑 떨어진 해바라기 고운 섶에
코스모스 청초 여인 맑은 이슬 훔치고
고즈넉 감긴 햇살에 퇴색으로 그을렸구나.

그리운 유연의 세월 함께 여며있는 터
새색시 햇 정성으로 고이 차린 제상 앞에
청승 지기 귀뚜라미 무심히 같이 울 제

으악새 무성한 조상님 누린 성역
실개천을 건너던 징검다리 여울목엔
아버지 거칠어진 손일 듯 말 듯 하여라

몹시 그리운 날은
그대를 찾아야지

7부

사월

사월

몹시 그리운 날은
그대를 찾아야지

그대 나 몰라라 한다면
사월 바람 속삭여

잠긴 맘
빗장 풀 때를
서성이는 나그네

봄비

목멘 갈증 기다린 지난 그 날
메마른 심지 위에 오시리 잊고
살포시 나릴 막에 때늦은 구실도

토라져 못 이긴 반가운 곁눈 짓도
시냇물 버들개지 은구슬이고
아지랑이 숲 지나 단숨에 오시리

응어리 그 가슴에도 기어이 오시리
그리워 임의 바람 매달린 눈물 망울
미워도
지고지순은
말라깽이 늑장 깨울까?

홀씨 되어

문예 향 그리는
석화의 미소가

갈꽃 허망한 손짓으로
작은 문집에 담아서

재생의
귀인을 만나
홀씨 토해 흩친다.

홀로서기

사주팔자 설이 길어 세월 따라 사노라니
사장님 퇴근 후에야 넥타이 고쳐 매도록
애주가 난색 핑계에 그 바람의 의부증

깨물어 아픈 마디 다시 접어 헤아리고
사래 긴 평생지기 갈기갈기 엎어보니
허물 벗어 도도한 문화 천륜의 파 뿌리

속세 던지고 속죄할 미곡 산 양지 녘에
고로해서 여생을 그리 오매불망 서시오
한세상 살고 나보면 돌아올 길 없어라.

당신의 자리

올올히 풀어 내린 아린 기억들도
남모를 노래에 젖는 존재의 가친데
약속한 우리 가정 원색의 염원이었나

고뇌의 끝자락 흔적들을 부여잡고
누군가 언젠가는 잊혀진다 하여도
우리가 이제는 지워야 한다고.

눈물겹게 지켜졌던 당신의 빈자리
그 때문에 겪은 단장을 잊고지고
빈청을 채워야 하는 당신만의 자리요

정

고운 정 미운 정 들어가며 산다고.
누가 한 말이 살다 보면 살아진다고.
기르는 자식 기쁨이 삶의 보람이련만

행복설계 못난이 가난을 위로하여
혹한의 불혹 그 시대는 여성 상위로
시계로 전락해 버린 가부장적 머슴아

어이타 시대의 극치란 말인가?
모두의 반 토막 채비에 매달리고
애증의 안식 평행은 외면하고 사는 것

아내

저세상으로 간 것도 아닌데
있어야 할 자리엔 없습니다
설 곳 없는 외로움 베갯잇 적신 날

버린 죄인 밥상머리 사라진 웃음꽃
따가운 아이 시선 희망의 항구는
반생 허무가 좌절의 늪 헤아리는데

저세상으로 간 것도 아닌데
있어야 할 자리엔 없습니다
황망한
저세상으로
나도 따라 가고파

마누라

불혹이면 보리라
금빛 물든 고향 땅을

팔을 걷은 맵시 치마폭에
우후(雨後)마다 헤집은 무영탑아

공들인
푸른 젖가슴
꿈속에만 있느냐?

불혹 청춘

책임이 두려워
징검다리 조심스럽다
내일이 짐작되어
마음이 그랬을까?

눈치로 뉘 알까
미소로도 말 못 하고
가슴 치는 핑크빛
끝끝내 한이 맺혀

깊어 검은 호숫가엔
볼 위에 떨어진 여울
남몰래
누운 이별이
그리 오래되었나!

두문불출

진정한 사랑을 구한다면서
뛰어들까 내버려 둘까?
사랑아 문 뒤로 숨지나 말아

무아에 하얀 밤을 그만 없이
바보 전화 기다리는 목석같이
너무나 한심한 그대는 질투 쟁이

맞선 필요에 용기는 어디 가고
혼잣말 허공에 이제는 자문자답
오늘도
기다리련다
텅 빈 잔만 들여다보고

하얀 아픔 2

긴긴밤 늘 푸른 약속 야윈 나를 부르고
몸부림치던 잎새 하나 타버린 육신으로
매몰찬 세상 바람에 너를 부른다.

천상에 하얀 심성들 감미롭게 내리네!
거룩한 밤 새색시 속옷 벗는 소리
등잔불 흐린 문풍지 아스라한 신음에

풍만한 설원에 잉태된 새싹들이
포근한 목화밭 혼전 제 순백 여지가
첫날밤 취세 난리에 선홍으로 채색되려나

아카시아

세풍에 홀씨 되어 붙박이 산야에
가녀린 너는 가시 돋치고
무릇이 춘계 강산을 등 송이로 여는구나!

소쩍새 같이 울어 허기진 가슴에
눈치 없이 여기저기 입맞춤하고도
둥지의 창을 열어내 흘러가는 영혼도

굳이 이 계절에 열린 그 가슴으로
몽글몽글 매달아 흠뻑 소금 뿌려서
봄바람 신록의 속살 저려놓은 여인아

불씨

버려져 야윈
별일 없는 천덕꾸러기
모질게 책임져야 할
흔적들의 무게에

공간이 소용되는
여명이라 맞이한
용기 잃은
저 자신의 오랜 지척

고동치는 가슴에
불씨를 간직한 사람아
한목숨
손잡은 발길
영혼까지 태우리라

이브

묘산 기슭 옹달샘 마음이 비치고
천지가 녹아내려 채색된 산수경석
인간이 함께 놀아 신선이 탐한다.

금단의 에덴동산 무심코 발 디뎌
성향에 끌린 본능 앞가슴 열리고
거침없는 향유는 속세를 잊었다.

여인의 가을 앓이 사랑만 치유되리
외로워 빈 가슴 가을 노래 취해서
정숙한
자아 여인은
금지옥엽 꿈 같은 세상

삼혼의 생애

붉은 여명의 보릿고개
허기진 초혼이라
정열의 사랑 혼은
아로새긴 흔적들만이

배신의 질곡 출구
재혼에 명제라 일컬어
노숙의 곰삭은
존재 이유에 그 사랑도

동병상련 측은지심
띠동갑 삼혼에도
모두 다
아프기만 한
백세시대 사랑아

잘생겨서 미안해요

잘났다고 못났다고
누가 말했나?
울 엄마 잘생기게 낳았는데 잘해야지
너 애비 잘나서
잘 된 게 있어야지

선생님 이놈에 이목구비
뭐가 되겠어.
반 친구 너는 잘나서 인기 많겠다.
이웃집 아줌마 잘생겨서
사위 삼고 싶데

사장님 허우대만 멀쩡해서 틀렸어
있게 생겼는데 대학등록금 빌렸네!
마누라
하는 게 없이
잘 생겨서 미안해요

고백

당신이 나를 구제하시면
나는 당신을 위해 목숨을 바치오

엄마 같은 여인과 아내라
오로지 일편단심으로 살아가요

모난 야성을 지극정성 사랑으로
당신이
구제하시면
내 목숨을 바치오

RANGER

8부

스나이퍼

스나이퍼

생명 어린 필살기
정오에 빛 소리 감추고
고독이 정적을 밟고
싸늘한 초 죽음 뒤에

고동치는 심장 쓸어
오로지 목적수행
자비를 지우게 하는
내 조국의 명령이여

서릿발 세우는
바람이 오감을 멈출 때
섬광이
뇌성을 타고
잠을 깨는 내 영혼

트라우마

세월의 약으로 이제는 잊을만한데
네버 엔딩이 불만이던 이데오르기

지리적 열강의 지배로 살았다고
손바닥 사상의 민주화가 여기라면

덕으로 빚은 역사의 존엄이 무색하니
그네는
논하지 마라
피비린내 평화를

코로나 19

스나이퍼 영점에 적나라 노닐던
의혹의 뚱딴지 필사의 적들이여

삶의 가치 예민한 백세시대에
안개 자욱한 도심의 거리마다

위정자
네가 거기서
과녁으로 왜 나와

세간(世間)

고전에 임금이면 하늘이 내린 인물이라
이 나라 대통령이면 사람으로 신격인데
에라 이 몹쓸 인물아 비자금이 웬 말이고

권력을 위해서면 시민선동 조장하고
집권을 위해서면 군사반란 불사하랴.
에라 이 몹쓸 인사야 충효 사상 어이할꼬

임금님을 받들어 하늘처럼 뫼 시어 늘
일인지하 대통령, 에라 이 몹쓸 인간아
역사책
오점 흔적은
누구만의 몫인가?

시위

맞는 말 하자는데 듣고픈 말이 왜 없소
파릇한 서민 사정 천심 흔드는 민주주의
문화역사 두둔하며 향촌만을 지키려오.

한낱 헐벗은 잇속에서 태산 같은 그 명예는
신뢰를 부르짖는 무영탑의 공약들
얼룩진 큰 바위 얼굴 백년대계 귀감인가

보릿고개 넘어서는 둥개 모인 약속인데
고샅길 맏며느리 원색 열정의 춤사위를
원님네
예삿일이라
오늘날도 모르겠소.

분재의 그늘

자르고 다듬어 창문틀에 올려놓아
예술을 닮으려고 뒤틀린 성상이여
빛 색깔도 비벼서 향기마저 담으셨네

핏줄처럼 섬세하고 우람한 근육처럼
아담하고 튼튼하게 네 본성 키웠더니
지구 뿌리 움켜잡은 백 년 노송 흉내구나

무심에 탄성이라도 자아는 침묵으로
남몰래 혼자서 너의 가슴 살피다가
한 많은
세월 인고의
그 고통을 보리라

물방아

세상 한 모퉁이 세속에
여물 퍼 담는 성상으로
덩 더 쿵 쏟아 주고도 돌아가는 물방아야

돌아온 사계에도
남루해진 무상으로
무심에 삐뚤어진 마른 갈증 소리 질러

들통에 끓는 포말만이
덖지 이끼 씻기련만
몰라라
예삿일이라
세월 안고 도는구나!

가시오가피

산행길은 나절로 사계는 산수 절로
군상의 굽이마다 혼영이 흘러 젖어
여보게 자연이로세 홀로 예는 나그네

한 떨기 그리운 단심 임부의 여한인가?
미곡 산 여지에 붉은 가시오가피여!
아! 가시 돋친 섭리는 부끄러운 시치미라

허망 지망 머리 조아려 합수 배례할 적에
저려 진 속세 문명에 너 미력한 존재를
억겁을
한 켜 헤집어
보리 한들 어쩌랴?

산행

격변의 세속을 등지고
꾼으로 변장한 사람들 사이

칡넝쿨에 얽힌 세월에
외로워 그리운 여인아

통나무
찻집에 앉자
감탄으로 쉬게 하여라

자아 성(自我 城)

뜬구름 나를 찾아
세속의 그 이름 버리고
숙명의 기도라고
사랑과 미련도 벗어버리고

생존 질곡 변방에
버리고 내려서 가볍더니
고행 성찰의 사계 자연
기습하는 패배감에

전통 영혼을 끌어모아
아성을 쌓아서는
손자놈
하나 길 이어
보람 찾는 미로다

뭉게구름

한반도 사계를 걸으면서
안부를 전하고 싶었지만
괜한 핑계 마음뿐 이었지
시간이 나를 몰고 다녔어

섭리가 살갑게 움트려
망가져 던져진 의자에
매무새를 흩트리고
체념하고 푸념 삼아

그리운 마당으로
뜬구름에 방문코저
조만간
황망한 눈빛
망설이다 보낸다.

낙원

원시의 무채색 바람이
빈전에 충만하니

고사리손에 밤낮은
당신의 빛나는 궁전

맨주먹
화려한 터전
꿈의 낙원 절대 주인공

생활

쉬임없이 당신은 생각합니다
행복 위해 작은 것 내일의 것까지도
나는 당신의 생각을 소중히 합니다.

당신의 손끝이 닿는 것마다
잉태한 변화가 생활 예술입니다.
나는 당신의 작은 변화를 좋아합니다.

지금 당신은 삶에 시(詩)를 짓고 있어요
가족을 위해 시화하고 그렇게 실행하여
소박한
변화추구에
당신만을 사랑합니다

하루살이

왜 하루만을
살아야 하는지

갈증의 운명인가?
몸부림의 자해인가?

사는데
하루는 바빠
잊지 말고 살아요

둥지

가족의 역사는
대추나무 실낱 인연

세속식구 무한사랑
맛 익은 밥상머리

이 세상
그 무엇과도
바꿀 수가 없더라

부성애

너에 정체를 몰라도
보기만 해도 좋아라.

손잡으면 만 정 흐르니
걸으면 태산을 넘으리

총명한
깊은 눈빛에
여린 너는 용솟음 쳐라.

시아비

시대는 바야흐로
물질만연 질곡에
그 시절 굳어버린
화석의 보릿고개

먼 산 넘어 꼬깃꼬깃
반백으로 살고지고
턱수염 잡아채는
내 못다 할 고사리손

닮은꼴 장바구니
한목소리 수다쟁이
낭자여!
줄 것 없어도
우리 아기 되어다오

설 잔치

귀 도령 두건에 밧당이 불편심사
색동저고리 치마 맵시 자랑 꿈 자랑
멋스레 전통한복 착복 홍도 재감일세

세상살이 고달파도 자리 마당 보람지고
조상님 전 차례 모셔 세뱃돈 분배 삼아
굽어본 모습들이 부쩍 커서 기대로다

혈육의 정 밤잠 설쳐 친척 동향 얼싸안고
윷놀이 징장구는 한민족 전통문화
예로다. 대가족문화 우리 가락 얼씨구 좋아

사연 많은 문경새재
달려 가는 시인학교

9부

문예 향의 동반자

권 갑 하

(시인, 문화컨텐츠 박사, 시인학교장)

교장 선생님

사연 많은 문경새재
달려가는 시인학교

때 빼고 광내서
옛 동인 만난다고

반백의
이팔청춘
양팔 벌린 교장 선생님

-교장 선생님을 위하여

고향지정

김 선
(시인, 석좌교수, 문학평론가)

태 버린 고향 떠나
국위 선양 타국 생활

개천에 놀던 인물
동녘에 맞이라고

고향 역
구경 잘했네
껄껄 웃던 노신사

- 노신사를 위하여

참새 방앗간

끌로 파고 후벼도
무생채기 세상에

여러모로 날아든
속세들의 방앗간

여보게
살아본 세월
추억만이 전재산

- 부동산 소장님을 위하여

김 경 호(근덕 부동산 공인중개사)

한방 선생님

김 호 경
(원생당 한방 선생님)

허리 굽은 발길들이
이끌리는 문설주

근엄한 창틀 넘어
유서 깊은 약장들

핸섬한
샌님 같아서
굳어버린 반가움

- 한방 선생님을 위하여

동네 주치의

세월 앞에 장사 없는
동네방네 노부인

가가손손 밥상머리
천태만상 헤아려

마음속
꿰뚫어 본 눈
귀엽다고 웃는다.

- 원장 선생님을 위하여

박 용 익 (원장, 전문의)

동네 약방

이 종 웅

(근덕약국 약사)

사방팔방 길 복판에
스마트한 드레스

사시사철 시시콜콜
늘어지는 이야기

만인의
총각 선생님
휴일없는 반란들

- 약사님을 위하여

대진항 마도로스

항구의 영번지
마도로스 아저씨

만선 투망에
갈매기 슬피 울면 이별이란다

일출에
방향타 잡고
돌아드는 대진항

- 마도로스 유선장을 위하여

유성호

(CEO, 어장주, 어장선주)

아버지!
당신은
아프게 아프게 제게 오십니다

10부

축시 ...

아버지

아버지!
당신은
아프게 아프게 제게 오십니다
이 땅에 한 포기 풀뿌리로 저를 있게 하시고
모진 바람으로 제 소중한 모든 것을 거두어 가신 뒤에
언 가슴 안고 울부짖는 소리도 모른 채 두셨다가
깊고 긴 고통으로 오랜 날 덮어두셨다가
풀리는 햇살로 천천히 제게 오십니다.

제 살아온 언덕을 제 손으로 갈아엎게 하시고
잘못 디딘 발자국도 제 손으로 지우게 하시고
굵게 굵게 흘리는 눈물, 발등에 넘칠 때
빗줄기를 먼저 보내 조용히 씻게 하시고야
조금씩 웃으시며 제게 오십니다.

아버지!
당신은 제가 이 땅의 어느 외진 구석에
풀잎으로 있어도
가득 담아두시는 젖가슴으로 제 가슴을 크게 울리시고

오래도록 이어지는 푸른 핏줄의 맥박으로 오십니다.

아버지!
당신은 세속의 멀고도 먼 긴 길을
떠나 저 높은 곳으로 돌아가셨습니다
그래서 당신의 아들은 그립다 하지 않고
홀연히 굳게 서겠습니다.

꿈을 실현하는 그 시작이 돼라.

광개토대왕 운몽이 그대로 숨 쉬고 있어 발해의 꿈이 서린다.
태백산맥 허리 감돌아 그 많은 세월 들을
육백산은 드높은 병풍 기상으로 둘려 흐른다.

개산은 마을의 기와지붕 자락 분지로 잔잔히 스며드는 곳
해 오름의 동방 여명이 다다르는 터
동막에 이르는 만삭의 잉태는 이제야 그 은근한 힘의 원천이라

깨우침의 도장에서 피어난 우리 동문
개교 성상의 역사 속에 소박하기만 한 새 솔 막
불변 향기는 혈맹으로 묻어 일어난다.

선량한 동문들은 염원하는 젊은 상록수
언제나 깨어있는 아침의 눈으로 일어나
태고의 산자락 강원의 숲 헤집고 흔들어 거센 파도로 깨어난다.

세속에 잊혀진 또 하나 역사가 낳은 그 시절 보릿고개
초근목피 끼니일망정 늘 푸른 초원 일구시는 촌부의
후손이기에

뼈아픈 통한 속에서도 풀뿌리 민성의 불멸과 부활을 확신하여

바람 따라 뛰는 너희들에게 등불하나 작은 몸집으로
물결에 씻기운 은빛 기운 모두가 맞이하여
늘 푸른 옷을 지어 입혔나이다.

여기 존경하는 선배와 사랑스러운 후배가 약속의 땅
고향을 찬양하여 둥개 모인 그 시작의 영광을 알리고
조촐한 축배의 잔치를 차리나니,
그 시작에 가슴 뭉클하던 그 열정은, 군상을 몰고 가는 마라토너

꿋꿋한 용기는 불끈 쥔네 손안에 있나이다
꿈을 먹는 세상을 위해 금의환향의 가교로서
출중한 행진곡 기울려 여러 동문 손 잡고

감동의 나래 짓 예행하면서 보람찬 귀향의 꿈 그리고
넘실대는 세파 위를 넘어 저 높은 곳을 향하여 치달아라
그래! 해마다 새로운 비상으로 높이 날아라

이 시대가 부르는 우리에게
손에 손 끈끈이 잡고
자그만
그 시작만으로
빛과 소금이 되리라.

선생님 얼굴

초등학교 육학년 담임 선생님
나머지 공부 교실 청소 매서운 호령 뒤로
동네 누이 짝지어서 홍안에 정분났네

보릿고개 시절에 숙명으로 다가와
방학을 반납하자시며 삼복더위 입시공부
천 만길 깊은 뜻이 철부지 닮은 가녀린 목동

식곤증에 침 흘리다 미안한 눈동자 마주치면
고기 망태 옆에 끼고 물장구 시냇가로 가잔다
해거름이 바빠도 생각해 보라고 유연 자적하시더니

유래 남을 상위권 막걸리 트럭에 실어와
둥개 모인 각 학교 선생님들 운동장 복판에서
허리 두른 수험번호들과 충복으로 웃으시다

스카우트 따라가셨다고 교복 갈아입고서 들었건만
같이 끓였었던 뿌구리탕 맛보시던 그 멋진 모습은
반백이 넘은 우리 가슴에 불변 청년이어라

강산이 세 번 변한 제자 상봉에 위엄 잃고서
양팔에 숙녀 잡은 외길은 맏딸에게 들통났네
멋쩍어서 변명하는 하시는 말
이제는 같이 늙는구나!

학같이 살으시어 고희를 맞으시면
오매불망 상록수 세파 속에 자랐으니
제자들 낙락장송에 둥지 우리 하소서

가을 2

산자락 들녘 황색 정적 가득한 햇살
실오라기 아련히 피어오른 굴뚝 연기
홍시 가지 매달리는 애달픈 지절에
대청마루 주인마님 한 맺힌 넋두리가
완벽한 중년 삶에도 고향 추억 그리울게요.

나의 모교 고향 교정 만국기 휘날리면
둥개 모인 죽마고우 양팔 벌려 반가운
변해버린 옛 모습 반백에 망설이는데
귓전에 풀벌레 소리 때리고 찢기는 가슴
못다 핀 아린 연정에 그대 모습 아롱져

아스라이 멀어 산모롱이 구부러진 길목에
목이 길어 기다려 줄 내 못난이 그 임은
연분홍 코스모스 틀림이 없겠지.
끝끝내 하지 못한 말 가슴 깊이 길게 패여
빛바랜 그리운 갈증 천만고에 다다르고
아직 기다리는 못 잊을 그대 있어.
재 넘어 고향 역 기적 여운 감돌고

잡지 못해 흘러버린 애절한 세월이
흔들리는 차창 가에 눈시울 훔치는
아련한 하얀 손수건 메아리친 목소리

한순간 스친 동공에 코스모스 붙잡아
이 계절 가을 앓이를 치르게만 하노라

고희연 축시

여보게
오늘만은 내 할 말이 있다네
문물 오지에 태어나심은, 생존 존속의 조상님 은혜
그 시절 산업근대화 세풍에,
청운의 학문 유생길 이정표만 돌려놓고

훈장 어른 맺어준 새 아낙, 저 홀로 남겨두고서
나라 지킨 국방 젊음에 명문, 실타래 세월로 풀어
보릿고개 넘을 땐 어미부터 머릿짐,
이어온 성상들, 어렵사리 서릿발 그 애환이라

감천 고서에 지성이면, 늦둥이 소문내고 일 남을 보았으니
노심초사하였든 조상님 전, 면목 담 은연중 산 교육이라
학동들이 나를 보고 시곗바늘 맞추더라

강산이 두 번 바뀐 정년퇴임도, 고향산천 지기로
필묵을 닦는 데는, 유생의 미필적 교훈이리라
여보게
자식 농사 궁금하거든, 나를 보게나
노인이 궁금하거든, 골라봐 나를 보게나

재혼에 부쳐

그대들에게
찬연한 일출의 희망은 구만리 좁은 문
사월에 염원은 열정으로 걸머진 향수
추종을 불허할 장인상은 반백의 성상

달무리는 무안하고 방황의 길 재촉할 때
헤집어 비어버린 가정의 공들인 무영탑은
늘 푸른 젖가슴이 왜 그리 그리운 것을

저지른 세월에 무슨 화병은 앙금으로 피고
하늘 구름 부끄러운 산수림 돌려친 자태로
턱 받힌 침묵 봄 햇살에 능금 입술 떨어지네

여명이 열리는 해바라기 이바지 날엔
주거니 받거니 대풍년 인심으로
찐 향기 혈연으로도 원동력이 일어난다.

시인별곡

2022년 11월 5일 초판 인쇄

지은이 | 홍 승 표
발행인 | 이 승 한
편집인 | 임 선 실
발행처 | 엠-애드
등　록 | 제2-2554
주　소 | 서울시 중구 마른내로 8길 30 2층
전　화 | 02) 2278-8063/4
팩　스 | 02) 2275-8064
이메일 | madd1@hanmail.net

ISBN 978-89-6575-162-5

값 20,000원